ÉTUDES DE PHILOSOPHIE NATURELLE

N° 7

DÉMONSTRATION

PSYCHOLOGIQUE & EXPÉRIMENTALE

DE

L'EXISTENCE DE DIEU

PAR

J.-ÉMILE FILACHOU

Docteur ès-Lettres.

$$\frac{R^3}{R'^3} = \frac{T^2}{T'^2}, \ \frac{T^2}{T'^2} = \frac{H^1}{H'^1}, \ \frac{H^1}{H'^1} = H^0.$$

MONTPELLIER

TYPOGRAPHIE ET LITHOGRAPHIE DE BOEHM ET FILS

PLACE DE L'OBSERVATOIRE

1873

OUVRAGES DU MÊME AUTEUR

Examen de la rationalité de la Doctrine Catholique.
1 vol. in-8°. 1849.

La clef de la Philosophie ou la vérité sur l'Être et le
Devenir. 1 vol. in-8°. 1851.

Traité des Facultés. 1 vol. in-8°. 1859.

De Categoriis. Dissertatio philosophica. 1 vol. in-8°. 1859.

Principes fondamentaux de Philosophie mathématique.
1 vol. in-8°. 1860.

De la pluralité des mondes. 1 vol. in-12. 1861.

Traité des Actes, Sommaire de Métaphysique. 1 vol. in-12.
1862.

ÉTUDES DE PHILOSOPHIE NATURELLE.

N° 1. Système des trois règnes de la nature. 1 vol. in-12.
1864.

N° 2. Réponse directe à M. Renan, ou démonstration
philosophique de l'incarnation. 1 vol. in-12. 1864.

N° 3. De l'expérience de Monge au double point de vue
expérimental et rationnel. 1 vol. in-12. 1869 (3e édition).

N° 4. De l'ordre et du mode de décomposition de la
lumière par les prismes. 1 vol. in-12. 1870.

N° 5. De l'ordre et du mode de décomposition de la lumière par les prismes ; Nouvelles preuves à l'appui. 1 vol.
in-12. 1872.

N° 6. Sens et rationalité du dogme eucharistique. 1 vol.
in-12. 1872.

N° 8. De l'ordre et du mode de décomposition de la lumière par les bords minces. 1 vol. in-12.

Montpellier. — Typogr. BOEHM et FILS.

ÉTUDES DE PHILOSOPHIE NATURELLE

Nº 7

DÉMONSTRATION

PSYCHOLOGIQUE ET EXPÉRIMENTALE

DE

L'EXISTENCE DE DIEU

POUR PARAÎTRE PROCHAINEMENT:

Nº 9. Système du Monde en quatre mots. 1 vol. in-12.

ÉTUDES DE PHILOSOPHIE NATURELLE
N° 7

DÉMONSTRATION
PSYCHOLOGIQUE & EXPÉRIMENTALE
DE
L'EXISTENCE DE DIEU

PAR

J. ÉMILE FILACHOU
Docteur ès-Lettres.

$$\frac{R^3}{R'^3} = \frac{T^2}{T'^2}, \quad \frac{T^2}{T'^2} = \frac{H^1}{H'^1}, \quad \frac{H^1}{H^1} = H^0.$$

MONTPELLIER
TYPOGRAPHIE ET LITHOGRAPHIE DE BOEHM ET FILS
PLACE DE L'OBSERVATOIRE
1873

AVANT-PROPOS

Puisque la critique, provoquée, continue de se taire, c'est d'un bon augure; nous allons en avant.

« En plein milieu de la sagesse de Dieu, dit saint Paul (1 Cor., I, 21), le monde n'a pas été assez sage pour connaître Dieu. »

Nous n'avons point l'intention de discuter ici les preuves *physiques* de l'existence de ce grand Être. Mais, incontestablement, l'univers physique en est un témoin muet, un simple monument. Il appartient donc toujours à l'homme de l'interpréter ou de le faire parler; et comme on ne l'ignore pas, chacun le fait à sa guise.

Il existe cependant une autre preuve de la même vérité, que l'on ne semble pas avoir songé jusqu'à ce jour à donner: c'est la preuve *psycholo-*

gique. De celle-ci, l'on ne saurait dire qu'elle est muette, car elle est le langage même de la conscience interne. Il importait donc, surtout après les belles paroles de l'Apôtre, interprétées par lui-même (Act. XVII, 27 et 28) en ce sens, de la mettre à jour; et c'est à fournir cette preuve que nous avons voué tous nos soins dans cet écrit.

Si nous avons réussi, comme on le verra dans le cours de notre exposition, Dieu ne serait pas seulement démontré, mais il serait encore trouvé dans la nature. Il suit de là que, comme il est le mot de l'énigme du monde, tout y serait (au point de vue religieux du moins) rationnellement explicable. Nous en sommes persuadé; mais nous avons tenu pareillement à justifier cette conviction, et dans un prochain travail, nous exposerons les *premiers principes* à professer dans ces délicates recherches, en attendant le moment favorable d'aller plus loin encore et d'en essayer l'application.

Cassagnoles, 21 novembre 1872.

INTRODUCTION

Nous n'entendons point nier ici qu'il y ait des êtres doués de *perception évidente* ou d'*intuition analytique* de Dieu, mais on nous accordera sans peine que tous les êtres n'en sont point *ainsi* conscients, quoique le nom ou l'idée formelle n'en fassent défaut à personne. Et comme, cherchant à traduire cette simple notion préalable en certitude, on a négligé jusqu'à ce jour d'en présenter la preuve sous une forme qui permette de comprendre l'existence divine au nombre des vérités *naturelles* ou vérifiables par expérience, nous aurons soin de résumer d'abord en quelques mots la manière dont on a coutume de procéder, et nous montrerons ensuite comment il est possible de la modifier ou compléter, pour la transformer immédiatement et sans efforts en une autre moins abstraite et plus démon-

strative, vraiment expérimentale au fond et mathématique en la forme.

Si l'on veut bien excepter ou mettre ici de côté
les philosophes *sceptiques*, dont les opinions sont
évidemment aussi peu sérieuses que peu valables, on
peut dire que tout le monde admet sans la moindre
difficulté, comme incontestables et fondamentaux, les
deux principes de *contradiction* et de *causalité*,
qui sont la base : le premier, de toute certitude subjective; le second, de toute reconnaissance objective.

Mais, en outre, le premier peut être regardé
comme fondement ou base du second, et le second
comme conséquence ou corollaire du premier. En
effet, dès-lors qu'on se sent enclin à raisonner, on
est manifestement conscient de l'insuffisance d'une
opinion quelconque préalablement entrevue sans ré-
flexion ; et parce qu'en tout cas semblable on ne
manque jamais de requérir une raison déterminante
du changement d'idées, il suffit d'une pareille insuffisance une fois reconnue (l'on n'en saurait trouver
de mieux accentuée que la contradiction), pour moti-
ver ou nécessiter le remplacement d'une opinion
mal assise par une autre moins répugnante et plus
plausible. Et, d'ailleurs, toute incitation ou *nécessité*

de ce genre n'étant pas autre chose qu'une *cause*
ou raison de changement, il suit encore de là que
le principe de *contradiction* implique ·clairement
celui de *causalité* même.

Maintenant ces deux principes, s'impliquant l'un
l'autre, sont-ils nécessaires et suffisants pour la démonstration projetée? C'est ici que la divergence
commence de s'introduire entre les philosophes *dog-
matistes* ou non sceptiques.

Les uns, plus stricts partisans de saint Anselme,
sont d'avis que nul recours au principe de causalité
n'est nécessaire en cette circonstance, et que le principe
de contradiction ou (ce qui revient au même) son
inverse , le principe d'identité, suffit. « Dieu se démontre, disent-ils, par la seule idée qu'on en a ;
car on ne conçoit pas d'infini *proprement dit* sans
réalité.» Dans cette manière de voir, l'infini *proprement dit* est l'infini *réel.* Cette détermination en
implique alors par elle-même un autre simplement
représenté , l'infini *formel.* Or , l'infini d'où l'on
peut partir pour arriver au *réel* ne peut être que le
formel ou l'idéal. Donc, prétendre que l'idée de
l'infini implique la réalité, c'est inféoder déjà d'avance
à son *idée* la *réalité*, c'est-à-dire annuler par le

fait le *besoin* ou le *genre* d'argumentation employée
par hypothèse à la déduire. En d'autres termes, ou la
réalité s'y rattache *incontestablement* au formel, ou
non. Si elle ne s'y rattache pas, il est impossible de
prouver la réalité de l'infini par la seule idée qu'on
en a. Si elle s'y rattache *incontestablement*, toute
chose formellement représentée doit être réelle. Ainsi,
l'idée d'une montagne d'or en impliquerait la réalité;
or cela n'est pas: donc l'idée *formelle* de Dieu
n'en implique point par *elle-même* la réalité. Donc,
pour démontrer cette réalité même, il faut joindre
au principe de contradiction ou de non-contradiction
intrinsèque quelque chose qui le complète, ou bien
rétablir le principe de causalité dont on ne croyait
pas avoir besoin.

Les autres philosophes moins décidément idéalistes, tels que Descartes et ses imitateurs, ont admis
l'intervention de ce second principe quand ils ont
dit: « Nous avons l'idée de Dieu; mais d'où cette
idée nous viendrait-elle, si Dieu n'existait pas? de
rien ou du fini? Cela ne saurait être... Donc Dieu
existe; et ce qui le prouve alors, c'est l'impossibilité
d'expliquer autrement que par son immédiate influence
ou causalité l'idée d'être infini que nous en avons.

Le point de vue de ces derniers philosophes nous semble être éminemment juste et logique; et c'est alors ainsi que nous entendons poser la question. Regardant l'idée de Dieu comme évidemment donnée de fait, et cherchant par suite uniquement à trouver la raison du passage, en elle, du *formel* au *réel*, nous ne croyons pas cependant utile de nous arrêter, avec eux, à discuter si de la seule considération du *rien* ou du *fini* peut ou ne peut pas résulter la *réalité* finale de l'*infini*, d'abord réputé seulement *formel* par hypothèse; car, en cela, nous retomberions précisément dans la même *pétition de principe* que les premiers philosophes spécialement idéalistes. Et reprenant, en conséquence, le principe de causalité pour l'appliquer cette fois jusqu'au bout, nous dirons : « L'idée de Dieu, toute formelle qu'elle est en nous, y est au moins aussi réelle que toutes les autres idées dont nous sommes conscients, et toutes ces idées ensemble, accidentelles en nous ou ne venant pas de nous seuls, ont au dehors leur origine ou raison d'être relative. Or, au dehors, il n'existe point exclusivement un seul être, mais un monde complexe d'êtres *hiérarchiquement* constitués, comme : 1° (ou la *matière*), 1¹ (ou l'*Homme*), 1² (ou l'*Ange*,

et 1ᵉ (ou *Dieu*). La question est donc alors, con-
formément au principe de causalité, de décider si
le *moins* sort du *plus* ou le *plus* du *moins*.

D'abord, si le *plus* sort du *moins*, ce ne peut
jamais être qu'*imaginairement* (par manière de
simple élévation radicalement intemporelle[1] de puissance); et dans ce cas, il n'y a pas de *causalité réelle*,
mais il y a Dieu ou l'être *à se*, l'être *sans cause*. Puis,
si le *moins* sort du *plus*, l'émission du *moins* par le
plus, provenant de retraite et cession volontaire, est
forcément *réelle*; elle constitue donc naturellement
un fait réel, et ce fait est un *acte de causalité*
d'une part, un *acte produit* ou plutôt un *effet* de
l'autre : il y a donc, cette fois, *cause* et *effet*. Mais
au début, ou sommet des êtres ou des causes, est
Dieu, et au terme ou à la fin des choses est la matière, et voici la raison de cet ordre de choses :

[1] Radicalement, en effet, il n'y a pas de raison d'admettre que l'élévation aux puissances soit plutôt actuelle ou plus
facile en une ou deux dimensions, qu'en toutes les trois
ensemble et en un ou deux degrés, qu'en tous.

Où rien ne précède, tout est libre jusqu'au bout, et le
néant est *en deçà*, non *au-delà* du premier Acte, ainsi placé
soudainement à la limite de tout le possible, comme *centre*,
pôle ou *contour*.

La ressemblance est fondée sur l'imitation;
L'imitation est inférieure à la reproduction;
La reproduction est postérieure à l'original.

Si l'on veut bien y réfléchir, le *néant* n'est rien que par l'idée qui le pose ou conçoit, et peut être ainsi défini : la représentation de la limitation de l'être par l'être dans l'idée qu'on en a. Mais l'être limitant, ou *infini* d'abord, est évidemment avant l'être limité ou *fini* ultérieurement, comme la *cause* est avant l'*effet*. Donc, le *principe de causalité* se trouve impliqué par l'idée même du *néant*, et par suite nulle idée de l'être infini ou divin ne lui peut être égale ou adéquate sans ce principe, seul capable de le montrer à la fois dans toute sa *plénitude* et toute sa *simplicité* radicales.

DÉMONSTRATION

PSYCHOLOGIQUE ET EXPÉRIMENTALE

DE

L'EXISTENCE DE DIEU

⁓⟨❦⟩⁓

1. Le monde physique externe, ouvrage de Dieu, ne le démontre que de loin, en ce sens que, tout en éveillant l'*idée* d'une part et motivant la *foi* de l'autre, il n'achève point de le faire tomber directement sous le sens interne. Pour trouver Dieu de cette dernière manière ou se le démontrer *intuitivement*, il faut alors rentrer en soi-même ou l'étudier *psychologiquement*, parce que le seul monde interne de la conscience est le monde divin, et que la sagesse ou la science ainsi acquises sont la sagesse ou la science même de Dieu.

N'espérons point, toutefois, trouver Dieu de but en blanc en nous-mêmes, comme nous y trouvons les idées intelligibles d'espace, de mouvement et de temps, ni même les représentations sensibles des corps solides ou fluides, organiques ou inorganiques, et célestes ou terrestres. Quoique aussi *diréctement* percevable, Dieu ne l'est point *immédiatement* pour nous ; et pour le *découvrir*, nous avons besoin alors de soulever en quelque sorte, par l'idée, cette masse primitive de données immédiates, à peu près comme, avant de se nourrir de certains fruits, on a coutume de les dénuder, par délicatesse et propreté, des téguments plus ou moins grossiers qui les recouvrent et dérobent momentanément à nos regards.

2. Au début de nos recherches, nous ne saurions être accusé d'excéder en rien nos droits, si d'abord, dans le seul but de fixer les idées, nous invoquons pour mémoire la distinction vulgaire de l'activité radicale en trois puissances appelées *Sens, Intellect, Esprit*, ni si, plus tard, dans le but plus avancé de nous donner une

base réelle, nous en appelons de fait aux trois notions concrètes d'*atome*, de *monade* et de *vitesse*, dont les plus obstinés empiristes eux-mêmes ne sauraient éviter l'emploi dans l'étude ou la conception des phénomènes naturels. Car, en cela, nous ne dépassons encore aucunement l'expérience.

Nommer le *Sens*, l'*Intellect* et l'*Esprit*, c'est nommer les trois puissances ou facultés de sentir, de représenter et d'aspirer; il est inutile de s'étendre à cet égard . — Les notions d'*atome*, de *monade* et de *vitesse* étant un peu moins familières, nous allons les définir avec un peu plus de soin. Pour nous, l'*atome* est l'être *extensif*, quoique peut-être indivisible. La *monade* est l'être *simple*, quoique peut-être (n'importe le comment) extensible. Enfin, la *vitesse* est la transition *instantanée* du simple à l'extensif ou de l'extensif au simple, quel que puisse être d'ailleurs le trajet à faire de l'un de ces extrêmes à l'autre, et elle revient dès-lors à ce qu'on a coutume d'appeler intensité.

Maintenant nous réputons les six notions précédentes *corrélatives* deux à deux, et nous

rapportons nommément l'atome au Sens, la monade à l'Intellect, et la vitesse à l'Esprit, parce
que, ou les idées ne représentent rien, ou forcément elles représentent ce que toujours dans le
langage ordinaire on entend exprimer par leur
moyen. Par exemple; si le Sens est réellement
une puissance; qui s'applique ou passe en actes
contingents externes, il doit réaliser les corps
appelés sensibles, et non point leurs touts seulement, mais encore les éléments ou *atômes*,
dont nous prendrons pour types l'oxygène, l'hy-
drogène, le carbone ou tous corps élémentaires
extensifs et pesants, aussi bien que sensibles
de fait ou de droit. Puis, supposé que l'Esprit
s'applique à son tour accidentellement, dans
l'impossibilité (sous peine de double emploi) de
le réputer désormais auteur des mêmes produits
physiques (immanents dans leur genre) que le
Sens, nous ne pouvons éviter de le faire auteur
des *vitesses*, sortes de produits *intensifs*, qui
sont évidemment aux produits extensifs, mais
très-petits du Sens, ce que plus généralement
la force est à la matière. Enfin, rien de plus contraire en soi que l'extension et l'intensité; car,

si l'extension très-petite caractérise un être réel
dans le genre du Sens, l'intensité en caractérise semblablement un autre dans le genre de
l'Esprit, et ces deux sortes de réalités s'annulent
par incompatibilité l'une l'autre, autant que, par
exemple, *position* et *négation* en logique, ou
+ et — en algèbre. En admettant alors, chose
évidemment possible, que ces deux sortes de
concepts concourent ou coïncident, ils doivent
se suspendre ou s'imaginariser tous deux, non
toutefois (comme on semble le croire) de manière
à ne pas laisser de résidu, mais de manière à
mettre à nu ce qui leur est commun en cas
d'égalité, c'est-à-dire l'*unité*, leur rapport réel et
vraie réalité, par conséquent elle-même. Soit
ici, pris pour figure d'*extension sensible*,
l'angle *ACB* ou α, et pour figure d'*intensité spirituelle* l'angle *DCE* ou
β¹ : en raison de leur
incompatibilité, la résul-
tante de ces deux forces

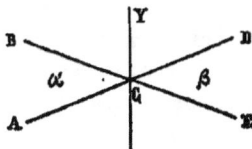

---

¹ Pour l'exactitude des idées, on voudra bien se représenter
les deux angles α et β comme rectangulairement disposés, par
torsior. en *C*.

en superposition sera comme le centre ou foyer C, par lequel elles passent pour se transformer l'une en l'autre en alternative. Or qu'est-ce, en définitive, qu'une *monade*, si ce n'est une *unité réelle*, circonvenue pourtant d'extensions ou d'intensités imaginaires, comme l'extension ou l'intensité de tout à l'heure, en cas de superposition réelle ? Mais l'imaginaire loge en premier lieu dans l'Intellect, comme le réel dans le sens. Donc la *monade* est le premier mode de représentation du sens par l'Intellect[1].

Ainsi, l'être sensible est l'atome; l'être intellectuel est la monade ; l'être spirituel est la vitesse. Et, par suite, parler d'atomes, de monades ou de vitesses, c'est équivalemment déclarer qu'on se trouve ou se place respectivement dans

---

[1] Les *astres* ne sont pas autre chose que des *monades* C circonvenues de très-grandes extensions et intensités (α et β) superposées; voilà pourquoi, suivant l'Écriture, lorsque Dieu a fait les cieux, il les a faits dans l'Intellect (Ps. 135, 5). A la différence des *atomes*, les *astres* sont donc tout spécialement *Intellectuels*. Nous insistons ici sur l'opposition entre les astres et les atomes, parce que ces deux sortes d'êtres sont les plus grandes ou les plus petites espèces d'Unités en usage dans le Monde divin.

l'un ou l'autre des trois ressorts du Sens, de l'Intellect ou de l'Esprit.

3. Les idées tant *subjective* qu'*objective* des trois puissances sensible, intellectuelle et spirituelle une fois données, voyons maintenant, pour pouvoir en reconnaître ultérieurement le fonctionnement respectif, de les comparer et classer le plus avantageusement possible.

Si l'on veut bien y faire attention, le ressort spécial de l'Intellect est tout d'abord *métaphysique*, et les deux ressorts spéciaux du Sens et de l'Esprit sont respectivement, à la fois, *physiques*. En effet, que sont les *monades* escortées d'imaginarités absolues, si ce n'est des positions également absolues, rigoureusement inaccessibles à tout autre moyen d'investigation que l'Intellect, et par conséquent tout *abstraites* ou logiques en elles-mêmes? Et que sont, pareillement, soit les *atomes* soit les *vitesses*, sinon de nouvelles *positions*, ou de corps, ou de forces, en corrélation évidente entre elles, comme tout ce dont on traite, à titre de *statique* ou de *dynamique*; en *physique* ?... Entre le ressort particulier de l'Intellect et les deux ressorts réunis de l'Esprit et du Sens, il y a donc, en premier lieu, la même différence qu'entre la métaphysique et la physique. Cependant, les deux derniers ressorts, *spirituel* et *sensible* diffèrent encore subsidiairement entre eux, avons-nous dit, comme *dynamique* et *statique*. Donc, d'abord, soit la comparaison, soit la classification des trois exercices sensible, intellectuel et spirituel, se font sans peine, et la division ou la subordination formelles en sont pour ainsi dire évidentes.

Entrant maintenant dans les détails, nous ne saurions nous flatter de pouvoir procéder, surtout par rapport à l'Intellect, avec la même aisance : néanmoins, il est encore possible d'être clair et net sur cet article. Comme nous l'avons admis déjà (§ 2), le centre C, siége de position respectivement absolue, réelle, contient imaginairement les deux possibilités d'extension sensible α et d'intensité spirituelle β ; bien plus, on peut dire que ces deux idéaux semblent alors encadrer le point central en manière de deux sphères dont l'incompatibilité seule motiverait subsidiairement la disposition bout à bout en deçà ou au-delà du centre C, point commun. Alors, afin de voir se dessiner dans le monde réel le rôle jusqu'à cette heure métaphysique de ce centre, imaginons de réaliser pendant un certain temps, par incorporation alternante avec lui, chacune des deux sphères imaginaires admises: ne s'ensuivra-t-il pas immédiatement, d'abord, que cette réalisation présupposée d'une sphère sera toujours conditionnée *de loin* par la persévérante imaginarité de l'autre sphère; puis, qu'elle dépendra *prochainement* de son incorporation présupposée à C? Donc, s'il s'agit, par exemple, de la réalisation de α, le principe premier ou éloigné en est β, mais le principe secondaire ou moyen en est C. Cette position C, que nous nommions d'abord *métaphysique*, n'est donc pas incapable de jouer encore un rôle *physique* en qualité de *moyen*, c'est-à-dire d'agent médiateur, qui n'est ni principe premier ni dernier terme.

Le rôle moyen du Sens entre l'Esprit et l'Intellect, ou de l'Esprit entre l'Intellect et le Sens, doit se comprendre comme celui de l'Intellect entre le Sens et l'Esprit, que nous interprétions tout à l'heure; mais le rôle moyen d'une puissance quelconque entre ses deux *pro-*

pres états extrêmes subjectifs doit s'interpréter
autrement, et comme nous allons dire, en nous
fondant sur la série des trois puissances dans
l'ordre obligé: Sens, Intellect, Esprit. — A ce nou-
veau point de vue, la première apparue d'entre
elles ou le Sens réunit ou contient d'abord en soi-
même *extension, intensité* et *tension pure*; mais,
atteignant en même temps d'un seul coup, par son
infinité même, à la limite qualitative et quan-
titative du sensible, elle se voit là comme coup
sur coup pleinement dépouillée tant de son intensité que de son extension radicale; et son
rôle final est ainsi, sauf le cas où par hypothèse
elle se revêtirait *progressivement* (sens inverse)
d'une forme *objective* finie quelconque intermédiaire, celui de tension pure ou simple flottant
(isolée) dans un vide infini. — Comme héritant
naturellement de toute la puissance déficiente
du Sens, l'Intellect se voit de même, en premier
lieu, pleinement doué d'intensité, d'extension et
de tension absolue; mais instantanément il doit
aussi ressentir le même dépouillement absolu
que le Sens: il y a seulement entre le Sens et lui
cette différence, que le Sens ne peut remonter

qü'accidentellement et *faiblement* à l'état moyen
d'extension objective finie, quand il peut et doit,
lui, retenir, avant entier déchet, le don d'extension objective finie, *très-grande* encore. In-
tervenant le dernier, l'Esprit profite à son tour
des dépouillements successifs du Sens et de l'Intellect, et se présente tout d'abord doué d'intensité, d'extension et de tension absolues ; mais
au lieu d'imiter les deux précédentes puissances,
spécialement avides de la forme extensive (interne ou externe), l'Esprit, plus soucieux du fond,
s'approprie la force même d'instituer l'une et
l'autre, et demeure ainsi le représentant spécial
de l'*intensité* seule. S'agit-il, après cela, de concevoir comment il est possible au Sens, réduit
déjà (par dépouillement instantané régressif) à
l'état simple de monade, de revenir subitement
à l'état d'extension objective finie ou d'atome:
nous pouvons nous en rendre compte aisément,
en concevant, d'abord, qu'il est infiniment facile
à l'Esprit de s'unir en tout temps à l'Intellect
dans son idée si mobile d'ailleurs, et puis, qu'une
fois collectivement sollicité par l'Esprit et l'Intellect réunis, le Sens le plus rétif au changement

ne peut manquer d'en subir plus tôt ou plus tard et plus ou moins distinctement l'influence.

4. Continuant à prendre, après toutes ces observations, pour type successif uniforme des trois puissances radicales la figure du § 2, nous pouvons dès ce moment concevoir nettement le triple mode de conscience relative à l'activité radicale. D'abord, imaginairement comprise entre l'Esprit et l'Intellect, elle *sent*. Puis à demi, soit imaginairement, soit réellement comprise entre le Sens et l'Esprit, elle *représente*. Enfin, comprise entre le Sens et l'Intellect, elle *aspire*. Là, l'un des deux termes de chaque couple producteur est censé d'abord plus actif ou plus passif que l'autre; mais plus tard, et dans l'acte de rencontre, l'action et la passion se répartissant également de tous côtés, les deux termes finissent par se ressembler totalement; et le seul produit en diffère alors absolument, comme étant nul ou tout passif au début, et tout actif ou libre à la fin.

Le plan YC, qui contient en son centre la monade (sensible, intellectuelle ou spirituelle,

suivant les cas), mérite peut-être d'être signalé
par une dénomination particulière: nous l'appellerons *plan de projection*. Rien n'oblige d'admettre
que, dans l'Activité radicale, les *points* d'inter-
section C soient identiques ou superposés, en
tout état de cause, pour les trois puissances
à la fois; car la réelle succession de ces trois puissances entraîne avec elle l'évidente possibilité de
les concevoir séparables. Mais, au moins, est-il
nécessaire d'admettre que la réunion des termes
α et β est radicalement, en chaque couple producteur, tout à fait fixe ; puisque, sans cela, le
sein de l'Activité radicale, n'ayant plus de puissances invariables, serait un vrai chaos. Non les
puissances en elle-mêmes, mais leurs seules
positions externes ou relatives, sont donc, de
fait ou de droit, indéterminées; et dans ce cas,
autant leur fonction personnelle interne est simple, autant leur champ externe et particulier
d'application est infini et variable.

5. Dans ce qui précède, cherchant à différen-
cier, par leurs caractères *objectifs* les plus immé-
diats, les trois puissances sensible, intellectuelle

et spirituelle, nous en avons indiqué les produits spéciaux, les rôles respectifs et l'origine
singulière; et, sur ces divers points, les observations sont si positives, ou les rapports logiques
si patents, ou bien encore l'enchaînement des
idées si rigoureux, que nous ne croyons avoir
à redouter, de la part des hommes compétents,
aucun dissentiment sérieux. Mais reste toujours
alors à traiter la question capitale de la différen-
tiation des puissances par le *réel* et le *formel*, ou
bien à savoir si, dans les trois puissances admises en principe, il faut voir, ou trois *simples
Modes de groupements* idéaux et fictifs, où trois
vrais Sujets de groupements réels et positifs.
Les éclaircissements déjà donnés sur les caractères *objectifs* les plus saillants des trois puissances
n'ont été qu'un premier pas vers l'entière
résolution de cette question; et, pour nous pré-
parer alors à la résoudre définitivement, nous en
devons faire un second qui nous permette de
l'aborder immédiatement. Ce second pas consis-
tera dans l'étude et l'indication de leurs caractères subjectifs internes.

6. Avant d'entrer en matière à cet égard, commençons par distinguer trois modes de fonctionnement interne ou réel, qui sont : le *concret*, fixe; le *discret*, alternant; et l'*abstrait*, variable *ad libitum*. Le fonctionnement concret fixe est, à la fois, *progressif* et *régressif* : on l'appelle *nature*. Le fonctionnement discret alternant est, *séparément, progressif* ou *régressif* : nous l'appellerons *art*. Enfin, le fonctionnement abstrait variable *ad libitum* est, *indifféremment*, *progressif* ou *régressif*, suivant la manière de le considérer, à l'instar, par exemple, des jugements de *droite* et de *gauche* ou de *haut* et de *bas*, toujours subordonnés à la situation de celui qui les porte; et, sous ce rapport, il mérite d'être respectivement qualifié de *neutre* ou d'arbitraire. Mais comment les trois fonctionnements traités de *concret*, de *discret*, d'*abstrait*, méritent-ils eux-mêmes ces dénominations ? C'est ce que nous allons examiner et dire incontinent, en traitant des trois sortes d'exercices *naturel*, *artificiel* ou *facultatif*.

Afin de mieux fixer les idées, nous prendrons nos exemples en pleine nature et considérerons l'ordre des générations humaines où se déroulent les trois espèces d'Hommes aisément discernables, qui sont: 1° l'Homme-*Homo*, ou l'homme entier; 2° l'Homme-*vir* et l'Homme-*mulier*, ou l'homme qualitativement dédoublé, mais numériquement double; et 3° l'Homme, *nec vir nec mulier* qualitativement élémentaire et neutre, mais numériquement multipliable à l'infini. Dans cette manière de voir, l'Homme-*Homo* est un, mais bi-sexuel; l'Homme-*vir* et l'Homme-*mulier* sont deux, mais uni-sexuels chacun; l'Homme *nec vir nec mulier*, individuellement un, est a-sexuel.

Cela posé, la raison des trois qualifications de *concret*, de *discret* et d'*abstrait*, va se révéler en quelque sorte d'elle-même.

L'Homme-*Homo* ou l'Homme-entier, quoique *réellement* un, n'est-il point *formellement* double par les deux sexes dont il est doué? Sa nature relative ou spéciale est alors complexe. Or le complexe dans le simple est le concret, Le concret existe donc dans la nature, en son premier ou suprême degré de puissance sensible. Nous le figurerons mathématiquement, pour le moment et pour simplification, par l'expression *carrée* 1². (A la rigueur, ce devrait être le *cube* 1³, § 7.)

Puis, l'Homme-*vir* et l'Homme-*mulier* ne sont-ils pas la même nature humaine, *réellement* dédoublée, mais *formellement* (métaphysiquement) une ? Cette même nature subsiste alors en deux parts. Or, tout ce qui subsiste à part est discret : donc le discret existe lui-même dans la nature, en son second ou moyen degré de puissance sensible. Pour figurer mathématiquement l'état de la nature dans cette seconde période de son existence, nous remarquerons qu'il y a deux manières d'en faire fonctionner les parts : l'une *formelle* externe, et l'autre *réelle* interne. Extérieurement considérés, l'Homme-*vir* et l'Homme-*mulier* forment une *somme* telle que $1' + 1' = 2^*$. Intérieurement considérés, ils constituent un *produit* tel que $1' \times 1' = 1^2$. Par manière de *multiplication*, l'Homme-*vir* et l'Homme-*mulier* équivalent donc au *carré* respectivement simple de l'Homme-*Homo*.

* Justement la valeur de g, quand, dans la formule $\frac{1}{2} g T^2 = H^1$, en fait $H = T = 1$.

Enfin, l'Homme *nec vir*, *nec mulier*, ou l'Homme élémentaire, est bien encore, si l'on veut, la même nature descendue, par effacement mutuel des deux caractères sexuels du couple générateur, en son état le plus bas, l'état de germe; mais alors, et d'après ce que nous avons déjà dit au § 4 sur la nécessité de concevoir trois centres *C* spéciaux au sein de l'Être, le nouvel être produit peut et doit se trouver qualitativement triple, en ce sens que, étant un ou simple, il aurait devant lui comme le choix entre trois sortes d'état ultérieurement possibles, à savoir: le sien troisième, et les deux précédents de l'Homme-*vir*.. et de l'Homme-*Homo*. En lui, trois éléments formels ou disponibles sont donc l'équivalent d'un réel.

Mais, pour cela, faut-il toujours que les différences sexuelles des deux termes producteurs continuent de s'annuler au moment de l'émission du produit, ce qui suffit bien en ce moment pour mériter à ce dernier, tant que l'indétermination a-sexuelle en dure, la dénomination d'*abstrait* ? L'abstrait loge donc encore dans la nature, en son dernier ou plus bas degré de puissance. Cette nouvelle sorte de position est figurable par l'expression $(1 + 1 + 1)^{1-1} = 3^{1-1} = 3^0 = 1$ (sans exposant). «*Nudum Granum*», dit l'Apôtre (1 Cor. XV,11).

7. Nous étant rendu compte du sens des trois qualifications *concret*, *discret*, *abstrait*, voyons maintenant de comprendre également la signification des deux procédés dits *régressif* et *progressif*.

Le procédé *régressif* exprime le mode de génération *active* qui va décroissant, de *sujet* producteur à *sujet* produit. Le procédé *progressif* exprime, au contraire, le mode inverse de génération *passive* qui va croissant, dans le *même* sujet, de produit à producteur.

Jugeant d'abord des choses au point de vue *régressif*, le premier apparent, nous devons assigner, en temps et causalité, le premier rang à l'Homme *bi-sexuel un*, le second rang à l'Homme *uni-sexuel double*, le troisième rang à l'Homme *a-sexuel triple*; et la raison en est manifeste. Là, l'être producteur est *actif*. Or un être actif, et déjà constitué par conséquent, peut,

à titre de *puissance explicite*, soit spontanément,
soit occasionnellement, restreindre objectivement
son action ou se donner des limites. Ainsi,
l'attraction qui croît (par le rapprochement), à
distance *infiniment petite* en raison du *cube*[1]
des distances, ne croît plus, à distance *finie*,
qu'en raison du *carré*. Du reste, tel est l'ordre
naturel apparent: si nous n'avons pas vu l'Homme
bi-sexuel un précéder, à l'origine des choses,
l'Homme *uni-sexuel double*, nous voyons journellement ce dernier précéder l'Homme *élémentaire*; d'où il résulte que, produisant constamment ce dernier effet, il n'a pu produire originairement l'effet inverse.

Considérant ensuite l'ordre des générations au
point de vue *progressif,* et remarquant que,
évidemment, nul être ne doit pouvoir se donner
ce qui lui manque, nous sommes forcés d'admettre, chez l'être perfectible, un retour *passif* de

---

[1] Que, dans l'expression de la *force vive* MV^2, on veuille
bien remplacer les trois quantités M, V, V, par l'*unité*,
pour la porter ensuite en exposant, et l'on aura sur-le-
champ la formule-type du cube: 1^3, qui est aussi la formule type du divin.

l'état a-sexuel à l'uni-sexuel, et de l'uni-sexuel
au bi-sexuel; et ce mouvement complémentaire
ou restaurateur ne s'explique çalors que par le
concours d'un *agent* extérieur suppléant à l'im-
puissance du sujet progressif. En effet, comment
un être *passif* tout d'abord peut-il ultérieurement se transformer d'a-sexuel en uni-sexuel, ou
même d'uni-sexuel en bi-sexuel ? C'est à la condition d'impliquer originairement en lui-même
un *principe* d'initiative absolue. Prenons ici pour
exemple un corps *pesant,* et, comme tel, susceptible de chute *verticale.* Si, l'ayant d'abord sus-
pendu, par un fil inextensible et non pesant, à
un point fixe, nous l'écartons ensuite un moment
de la verticale pour le livrer à lui-même, on sait
qu'il sera redevable à sa *pesanteur* d'être ultérieurement oscillant de part et d'autre. De
même, actuellement, un être a-sexuel compris
entre deux uni-sexuels en équilibre relatif, s'il
recèle un *agent* animé, peut accidentellement
contracter un mouvement alternant de l'un à
l'autre ou *transversal,* et rétablir ainsi le cours
du mouvement *longitudinal* passagèrement in-
terrompu par leur opposition. Mais c'est bien

toujours, encore une fois, à la condition d'en contenir auparavant en lui-même la *puissance implicite*, telle que, dans le cas de la *chute des graves*, l'*accélération élémentaire*, dans le cas du mouvement *révolutif*, la *vitesse angulaire*, etc.; et, pour démontrer ici directement cette nécessité dans l'ordre des générations naturelles, nous dirons : souvent, il est vrai, par leur rencontre et concours, l'Homme-*vir* et l'Homme-*mulier* émettent ou réalisent, machinalement ou sans savoir comment, un terme d'abord inférieur qui leur devient plus tard semblable : d'où il suit que l'accroissement d'indice ou de puissance en ce dernier est bien, dans le cours de la nature, naturel. Cependant, est-ce que tout acte de rencontre et de concours entre l'Homme-*vir* et l'Homme-*mulier* est fécond? Bien s'en faut, puisque le plus souvent il est stérile. Donc, c'est bien accidentellement qu'il est suivi d'effet; et cet effet, dont il ne peut être alors qu'une cause occasionnelle ou catalytique (selon le langage du jour), se rattache à la présence facultative d'une cause transcendante (telle que l'actualité d'*accélération élémentaire* ou de *vitesse angulaire*) dont l'intervention réelle peut être *motivée*, mais n'est jamais *validée* par les forces concourantes dont elle *épouse* plutôt qu'elle n'*hérite* les mouvements respectifs[1].

8. Sachant actuellement dans quel sens il faut prendre les mots *concret*, *discret* et *abstrait*, ainsi que ces mots *progressif* et *régressif*, nous n'avons pas encore acquis toutes les notions fondamentales indispensables à la démonstration projetée (§ 5). Pour en finir cette fois, réunissant ensemble les deux classes de notions précédentes, nous envisagerons les deux modes de séries *régressive* et *progressive* aux trois états également possibles de *concurrence*, d'*alternation* et de *virtualité*.

---

[1] L'ordre progressif se déclarant par voie *potentielle*, la nature se conforme alors, pour la production des *sexes*, à la règle algébrique des signes :

$$\left\{ \begin{matrix} + \times + = + \\ - \times - = + \end{matrix} \right. , \quad \left\{ \begin{matrix} + \times - = - \\ - \times + = - \end{matrix} \right. .$$

Mais, sans multiplication, point de produit; et nulle multiplication sans facteurs et puissance qui les seconde, comme c'est le cas dans l'éclosion d'œufs (fécondés déjà) par la chaleur.

D'abord, les deux séries régressive et progressive sont manifestement réunies ou concur-
rentes dans la *nature humaine* en général, où
l'on conçoit : Homme *bi*-sexuel *un*, Homme *uni*-
sexuel *double*, et Homme *a*-sexuel *triple*. Car,
dans chacun de ces Hommes, il y a le même
nombre de facteurs ou de termes ; on les y voit
seulement changer de place ou de fonction.
Tandis, par exemple, qu'une série croît, l'autre
décroît. Mais, dans tous les cas, elles concourent:
donc il y a simultanément inversion et concrétion.

Secondement, imaginons que, au lieu de
coexister, les deux séries se développent, en
entier et chacune à part, alternativement, comme
quand, par exemple, l'Homme a-sexuel en son
état élémentaire devient ensuite, d'abord uni-
sexuel, puis bi-sexuel, ou que, débutant au contraire par cette fin, l'Homme bi-sexuel en son
état primitif de perfection devient ensuite, d'abord
uni-sexuel, puis a-sexuel : dans ces deux cas,
le concret continuerait-il par hasard d'exister ?
Non, évidemment, puisqu'il n'y a que série progressive en l'un ou régressive en l'autre. Donc,
ici, le concret fait place au discret, et l'existence

humaine actuelle n'est plus que celle d'une in-
dividualité permanente à travers les trois phases
successives de la puissance sensible.

Enfin, considérons le cas où l'Homme a-sexuel,
qui, dans l'ordre régressif, n'arrive que le dernier
à l'existence, ne laisse point de correspondre
imaginairement (ou dans l'ordre des choses
possibles) aux deux sortes d'Hommes uni-sexuel
et bi-sexuel. Comme correspondant alors imaginairement à l'Homme bi-sexuel premier en la
série réelle descendante, il est d'abord conçu,
lui (dans son extrême éloignement), comme nul
ou *négatif*. Comme correspondant ensuite (imaginairement toujours) à l'Homme uni-sexuel, il
est déjà conçu, cette fois par approximation,
chanceux ou *problématique*. Mais, enfin, comme
correspondant réellement à l'Homme a-sexuel
typique, il est bien actuel, réel ou *positif*. Or, le
négatif se représente absolument par le signe —;
le *problématique* se représente par le double
signe ± ou le signe ? ; le *positif* s'exprime par
le signe +. Et ces différents signes, pris seuls
ou sans autre idée capable de les déterminer,
n'indiquent rien de plus ni de moins que des

points]'de vue relatifs ou des idées abstraites. Donc l'abstrait trouve encore à son tour à se loger en compagnie du concret et du discret dans le cadre de la nature. L'arbitraire que nous avons affirmé présider habituellement à l'application de ces signes et par là-même aux séries qu'ils accompagnent, éclate jusque dans le champ des mathématiques pures, où, comme on ne l'ignore point, au lieu de $+a - b = o$, l'on peut impunément écrire $-a + b = o$, sans rien changer à la valeur absolue de la fonction.

9. C'est, maintenant, le moment favorable pour aborder la grande question des deux aspects *réel* ou *formel* de la puissance. A ces deux aspects, nous serons bientôt obligé d'en adjoindre un troisième respectivement *imaginaire*; mais les deux précédents, ou le *réel* et le *formel*, sont bien plus remarquables, et ne sauraient surtout être confondus, comme s'ils pouvaient se suppléer l'un l'autre. Déjà, nous avons pu constater (§ 7) que la puissance *formelle* consiste à former des *sommes*, et la puissance *réelle* à faire des *produits* ou *carrés*. En vue de mieux éta-

blir l'indispensable et distincte nécessité de cette dernière, nous formulerons ici, sauf à les prouver immédiatement, les deux propositions suivantes A et B :

De droit et de fait,

A la Puissance[1] est avant l'Acte, l'Acte est avant la Production ;

B la Possibilité est avant la Passion, la Passion est avant l'Apparition.

La proposition A concerne les deux ordres de puissances *réelle* et *formelle*, dont la dernière ne laisse point d'être en partie réelle. La proposition B concerne, au contraire, le genre de puissance *imaginaire* ou *négative*, dont nous aurons à nous occuper à la suite des précédentes. Actuellement, nous démontrerons avant tout

---

[1] La puissance réelle est l'acte premier ou principal (*actus princeps*.) Nous n'en excluons donc point tout *acte*, ni surtout celui qui doit la constituer ce qu'elle est, mais seulement celui qui doit manifester ce qu'elle *peut*, et qui vient *après*. C'est comme si nous disions : Actus *potentissimus* prior est actu *potentiore*; potentior, prior *potente*.

l'existence absolue de la puissance *réelle*, sous la forme *A*.

10. Nos preuves de l'existence absolue de la puissance réelle, nous les puiserons aux deux sources connues de toute certitude, qui sont la *raison* et l'*expérience*.

D'abord, la raison prouve directement, péremptoirement, que, *avant d'agir, il faut pouvoir*. Car elle nous fournit, à l'appui de cette proposition, ces deux axiomes incontestables :

1° *E nihilo, nihil* ;
2° *Non à minori, majus*.

Le premier de ces axiomes est incontestable, comme évident d'abord, et universellement admis ensuite. Le second est incontestable à son tour, comme conséquence manifeste du premier, et nouvelle expression obligée du sens commun. Nul être, dit-on, ne pourrait ajouter à sa taille, même l'épaisseur d'un cheveu. Rien de tout cela ne pourrait être vrai, si, sans en avoir la puissance en lui-même, un être était capable d'actes en impliquant un degré quelconque, comme de marcher impotent, ou de voir aveugle, ou de parler muet, etc. Mais ces axiomes sont vrais. Donc, avant d'agir il faut pouvoir.

Depuis Aristote jusqu'à nous, nul philosophe n'a, que nous sachions, osé nier l'indispensable présupposition réelle de la puissance pour l'acte; et les modernes mêmes dont l'intention est de là nier, 'ne la nient pas directement; ils ont dit seulement : «Cette vérité-là n'est qu'une pure et niaise banalité, bonne à joindre aux vérités de La Palisse, incapable de rien dire à l'esprit» . Mais d'où vient justement à cette vérité cette banalité qu'on lui reproche, si ce n'est de son *excessive* raison, grandeur et généralité même? Impossible de penser autrement ; on l'avoue sans peine. Et, de ce qu'ici la pensée se trouve être alors irrésistiblement éclairée, dirigée, transformée, portée si loin et si haut comme par ses propres ailes, on en conclurait qu'elle ne sait ou représente rien? Au contraire, elle y sait ou représente tout ! Car elle s'y développe ou s'objective elle-même, à l'instar, par exemple, de l'araignée qui forme sa toile, ou du soleil qui rayonne sa splendeur, ou du rampant escargot qui sort de sa coquille. Toutes les idées nécessaires sont des idées de première grandeur; et nous ne comprenons pas que la prééminence incontestable des étoiles de première grandeur puisse être précisément une raison d'en nier l'existence en la voûte céleste.

Puis, l'expérience est là, prête à parler éloquemment en faveur de la même vérité. D'abord, elle lui rend *négativement* témoignage, en établissant l'impossibilité d'assigner le moindre fait dont l'accomplissement soit possible sans puissance explicite ou implicite préalable. Où a-t-on vu jamais, en effet, 1^1 sortir de 0, 1^2 sortir de 1^1, et 1^3 sortir de 1^2? Où a-t-on vu fils engendrer père et mère, et père et mère engendrer créateur? Où a-t-on vu les ténèbres éclairer, le froid réchauffer, le vide porter ou résister? Et, pour aller au fond des choses, où a-t-on vu la force seule se convertir, d'elle-même, en science, ou le simple savant devenir saint?... Cependant, cela devrait être, si le *plus* était réalisable par le *moins*. Ce miracle impossible ne s'est jamais vu. Donc, déjà, l'expérience prouve négativement l'indispensable nécessité de préposer le pouvoir à l'agir.

Si, màintenant, nous voulons voir la même expérience adjoindre à son témoignage *négatif* des témoignages *positifs* non moins frappants et complets, nous n'avons pour ainsi dire que l'embarras du choix entre les preuves qu'elle nous fournit. Nous en énumérerons trois principales, impliquant toutes avec la même vigueur la nécessité du pouvoir pour l'agir, mais revêtant en outre, chacune, la même vérité d'une autre forme. Par la première expérience, nous apprendrons que le *principe* potentiel est toujours avant le *moyen*; par la seconde, qu'il est toujours avant la *fin*; et par la troisième, qu'il est toujours avant l'*effet* produit : trois conséquences symboliquement exprimables encore en disant qu'on a toujours de droit et de fait 1^3 avant 1^2, 1^2 avant 1^1, et 1^1 avant 1^0.

Imaginons, d'abord, un corps brillant d'où s'échappe un faisceau lumineux qui va se réfléchir sur un miroir placé plus ou moins loin du foyer d'émission. Que nous regardions, alors, soit le foyer d'émission, soit le miroir réflecteur, nous voyons (à l'intensité près) le même faisceau de lumière sous forme, soit réfléchie, soit directe.

Mais, là, le corps brillant est bien la vraie puissance rayonnante, *après* laquelle le miroir réflecteur fonctionne seulement comme *moyen*. Car,
si l'on recouvre d'un voile le miroir seul, le corps
brillant continue de rayonner; au lieu que, si
l'on voile ce dernier, le miroir s'obscurcit tout
à coup de lui-même. L'exercice de toute puissance secondaire ou moyenne en demande donc
toujours *avant* elle un autre premier ou principal.

Prenons, maintenant, un ressort élastique, et
supposons-le d'abord tendu, puis livré subitement à lui-même et se déroulant hyperbolique-
ment. Il y aura là, pour lors, deux cas extrêmes,
à savoir : celui nettement défini d'un *maximum*
de tension ou de force originaire; et celui de
détente finale double, en ce que, en outre d'un
premier arrêt final apparent rapidement atteint,
il en existe un autre imaginaire irréalisable en
temps fini; puisque le mouvement est hyperboli-
que. Or, en cette expérience, le *maximum* de
force correspond évidemment au moment du
principe potentiel; et ce principe préexiste à la
fin, puisque celle-ci dans sa plus grande réalité,

n'est ni ne peut être jamais réelle en temps fini
Donc, pas de fin, comme pas de moyen, sans
principe antérieur.

Enfin, par le frottement on développe, comme
on sait, Calorique, Lumière, Électricité : trois
effets physiques souvent qualifiés de *forces*, en
raison des nombreux phénomènes qui s'y ratta-
chent, mais qui n'en sont pas moins de purs
effets au fond, comme incapables de toute initiative propre ou de détermination spontanée. Il est
vrai qu'ils ne manquent pas d'une certaine
réalité typique ou représentative externe; mais,
en les considérant même dans l'instant de leur
réelle apparition sensible, entre le *terme* et le
sujet de cette apparition, il y a cette différence
essentielle, que l'objet y termine le sujet sans
pouvoir jamais s'approprier le rôle actif de ce
dernier, principe dès-lors exclusif à son égard.
Donc, n'importe que nous abaissions de plus en
plus le degré de la puissance réelle, prise à son
plus bas degré même, elle reste le précédent
indispensable de l'effet produit.

11. Mais, peut-être, en démontrant ainsi pièce

à pièce la préalable nécessité de la puissance, en avons-nous affaibli le prestige ou paru diminuer l'importance réelle ? Revenons alors sur sa grande division en puissance *nécessaire, facultative* ou simplement *apparente*; et nous la reverrons s'imposer dans toute sa majestueuse grandeur à notre esprit.

La puissance *nécessaire* est celle qui doit être censée passer toujours en actes, ou dont les actes, quoique en raison postérieurs, sont radicalement inséparables. En supposant, alors, qu'une telle puissance existe, l'exercice en est manifestement universel; et nul être intelligent et moral, par exemple, n'en saurait être privé formellement ni moralement. Or, c'est ce qui arrive; et de là nous viennent les vérités évidentes, ainsi que les principes moraux, sortes de concepts ou d'idées innés, fort discrédités sans doute en tout temps, à ce titre, mais heureusement au seul jugement d'hommes assez malavisés pour ne pas comprendre que si, malgré leur inhérence naturelle à l'esprit, on n'en a pas habituellement conscience, c'est que notre esprit a deux manières d'être attentif: l'une *longitudi-*

nale ou en avant, et l'autre *transversale* ou vers les côtés ; c'est pourquoi, comme il est essentiel aux notions ou tendances *innées* d'être aperçues de la première manière, elles ne sauraient plus l'être hors de leur direction pour des êtres à regards superficiels exclusivement occupés de la seconde. Ainsi, n'importe que nous puissions être distraits des vérités éternelles, universelles, ou nécessaires, il existe de telles vérités : la logique, la morale, les mathématiques, le prouvent évidemment. Mais, alors, si de *fait* elles apparaissent par fois ou circonstance à notre conscience, il faut bien admettre que, avant tout et radicalement, nous avons en nous-mêmes la *puissance* de les apercevoir ! Vérité de La Palisse, avons-nous dit !... Donc, à tous les actes nécessaires préexiste ou prélude une puissance (au moins imaginairement) plus nécessaire encore.

La puissance *facultative* est celle dont l'exercice, toujours temporel, dépend de conditions internes ou externes. Quand les conditions en sont internes, il est dit *volontaire*, et les conditions en sont des *suggestions* inspirées à la puissance active, alors *sensible*, par l'Intellect et l'Es-

prit, qui lui fournissent, le premier, les *idées* des
actes, le second, les *motifs* de les réaliser. Les
conditions sont-elles, au contraire, externes, la
puissance active, *Intellectuelle* cette fois, est su-
jette, non plus à de simples *suggestions*, mais
aux *provocations* de l'Esprit et du Sens, qui la
stimulent, ce dernier par des coups plus ou moins
doux ou rudes, le premier par des mouvements
plus ou moins entraînants ou répulsifs; c'est
pourquoi l'assentiment volontaire, toujours re-
quis en principe, n'est plus immédiatement
donné, comme tout à l'heure, mais occasionnellement émis ou *conditionnel*. Néanmoins, ou
le Sens ou l'Esprit profitent alors de l'accession
donnée pour intervenir; et la puissance active,
excitée par ce concours, s'en exalte et redouble
naturellement d'intensité. Mais cette ardeur ou
ferveur qu'elle témoigne occasionnellement,
quoique provoquée du dehors, n'en est pas
moins d'origine subjective, à l'instar du calorique
ou de l'électricité journellement extraits (par frottement) du verre ou des cailloux. Donc, dans
le ressort du *contingent*, comme dans celui du
nécessaire, il n'y a point d'*actes* d'aucune sorte
sans une puissance corrélative préalable.

Mais comment pourrait-il en être de même, actuellement, dans le ressort des simples apparences, si par hasard la puissance, alors (par hypothèse) immédiatement en jeu, ne peut, comme nous l'admettons, être réelle ? Pour éclaircir ce point, nous reviendrons sur les deux propositions *A* et *B* du § 9, et nous ferons remarquer qu'il y a deux manières de les lire : l'une, que nous qualifierons de *verticale*, comme allant du haut de la page en bas, et l'autre, que nous appellerons *horizontale*, comme allant de gauche à droite: la première manière nous fait passer de *puissance* à *possibilité*, d'*action* à *passion*, de *production* à *apparence* ; la seconde nous fait arriver, en *A* : de *puissance* à *acte*, d'*acte* à *production*; et en *B* : de *possibilité* à *passion*, de *passion* à *apparition*. Or, qu'est-ce qui fait la possibilité ? C'est la puissance. Qu'est-ce qui fait la passion ? L'action. Qu'est-ce qui fait l'apparence ? La production. On ne *pâtit* point, par exemple, de ce qu'un autre que soi *peut*, mais de ce qu'il *agit*. Et, si par hypothèse l'acteur n'opérait qu'intérieurement en lui-même· ou en nous, l'effet n'en serait point apparent, mais la-

tent : l'apparition implique donc la production.
En conséquence, l'effet direct mais en même
temps immédiat et nécessaire de la puissance
est réellement, comme en lecture *verticale*, la
possibilité ; de même, l'effet direct de l'action est
la passion ; l'effet direct de la production, l'apparition. Cependant, il a semblé jadis aux payens
préposant à Tout le Chaos seul, que l'apparition
pouvait être l'effet de la passion ; et, de nos jours
même, on n'a pas craint de dire que l'apparition,
le simple phénomène, par exemple, la représentation objective du mouvement extérieur, était
ou pouvait être la RAISON de tous les ensembles
et de tous les événements du Monde... Dans
cette manière de voir, on ne devrait plus lire nos
séries *A* et *B* de haut en bas, ni de gauche
à droite (car alors, une fois au bout de droite,
revenant, par mouvement circulaire *direct*, de
l'apparition à la puissance, on ne verrait jamais
celle-là supplanter ou suppléer celle-ci) ; mais on
devrait les lire en sens inverse, et, marchant pour
ainsi dire à contre-poil, préposer d'abord apparition à passion et à production, préposer ensuite
de même passion à possibilité et à action, et re-

garder enfin, par exemple, le *mouvement* qu'on fait quand on s'est échaudé, comme la *cause* de l'impression produite et de la douleur soufferte. Il n'y a pas d'homme, à notre avis, assez stupide pour adopter sérieusement de pareilles erreurs; mais, suivant la fable, il y eut autrefois un loup assez méchant pour soutenir une pareille doctrine à l'agneau qu'il s'apprêtait à dévorer. Nous laissons donc aux sectateurs d'Épicure le choix de la qualification qu'ils pourront ici préférer, maintenant seulement cette alternative : qu'il faut absolument manquer, ou de saine raison, ou de bonne foi, pour entreprendre de justifier par la philosophie la marche de l'intelligence à reculons[1].

12. En ce moment, la partie la plus difficile de notre tâche est faite, mais tout n'est pas dit encore. Pour pouvoir arriver à notre conclusion

[1] A ce point de vue, l'ordre rationnel des choses est le *destin*; et, pour concevoir la possibilité de renverser cet ordre, il faudrait admettre *deux* Raisons, au lieu *d'une seule*. Or, la Raison peut être contredite, mais elle ne peut être changée : de là, le vrai fatalisme rationnel, ou l'ordre divin *irrenversable*.

générale, et regarder notre tâche comme finie, nous devons montrer que les considérations *relatives* dans lesquelles nous avons dû nous renfermer jusqu'à cette heure se réunissent en une identité supérieure : l'Absolu.

Manifestement, d'abord, autant il y a de modes *distincts* et *irréductibles* d'*actes*, autant il y a de *puissances* distinctes et irréductibles encore. Car, tout acte *sui generis* impliquant une puissance analogue, les puissances doivent être forcément en nombre égal avec les genres des actes.

Maintenant, guidés par l'observation et la théorie tout à la fois, la psychologie démontre que les *genres* des actes sont, d'après leur *mode de génération* même, rigoureusement trois (Sens, Intellect, Esprit)[1]; elle démontre encore l'*irréductibilité* de cette distinction, en se fondant, par exemple, sur ce qu'il n'y a *nulle connexion* apparente ou relative entre les *sensations* de son ou de couleurs (du genre du Sens), les *idées*

---

[1] Nous citerons en preuve les deux axiomes : *Nihil in intellectu, quod non prius fuerit in sensu. — Nihil volitum quod non præcognitum.*

algébriques d'exposant ou de racine (du genre
de l'Intellect), et les *affections* morales de bien-
veillance ou de droiture (du genre de l'Esprit)[1].
Elle conclut donc alors, très-légitimement de là:
donc il y a trois puissances réelles.

Mais il lui reste alors à se demander : ces trois
puissances, relativement ou collatéralement irréductibles, le sont-elles de même absolument ou
longitudinalement? Supposez que cette dernière
irréductibilité dût être maintenue comme la pré-
cédente, les trois puissances distinctes seraient
trois dieux distincts; mais elle ne saurait l'être,
et la raison en est évidente. Quoique très-réel-
lement distinctes relativement, ces mêmes puissances *se communiquent* constamment l'une
avec l'autre, comme le démontre leur constante
transparence ou *pénétrabilité* respective, d'une
part, et leur incessant *concert* ou *balancement*,

---

[1] L'école Herbartienne nous est ici la plus hostile, et
cependant elle avoue cette irréductibilité. .. Voyez *Herbarts-
Lehrbuch* (§ 117), et *Metaph.* (1, 92), où l'on admet, d'abord :
Es gebe noch eine andere *Quelle* des Wissens, unabhangig
von der Erfahrung; — puis: Die *Ganzliche* Unabhangigkeit
beider Begriffe (des Seyn und des Sollen).

de l'autre. N'est-ce point ainsi, d'ailleurs, que dans la lumière, par exemple, les deux lumières *polarisées* ou *complémentaires*, collatéralement irréductibles deux à deux, se confondent longitudinalement en un seul et même agent naturel? Donc, en définitive, les trois puissances réelles, déjà reconnues relativement très-distinctes, se résument elles-mêmes tout naturellement, mais transcendentalement en une seule unité suprême parfaite et souveraine. Pour tous les hommes et tous les êtres, cette unité se nomme Dieu : il y a donc un Dieu.

13. Les choses étant ainsi, la conséquence que nous allons formuler pourra paraître singulière, mais elle nous semble trop juste pour n'être pas tirée : Dieu, étant l'ACTE PUISSANT, UNIVERSEL, ÉTERNEL, doit être par là-même un objet d'expérience quotidienne, même sensible !

Le Sens divin, étant doué (comme nous l'avons appris § 11) des deux aspects de la puissance *nécessaire* et *facultative*, doit par là-même être aussi susceptible du double exercice d'une *concentration immanente*, source de rayonnement constant et d'une *attraction détaillée* perpétuelle, s'appliquant en tous lieux et moments particuliers à tous les êtres élémentaires par lui réalisés. Naturellement, il n'est pas en notre pouvoir, chétives créatures que nous sommes, de nous assurer *expérimentalement* du premier fait; mais nous pouvons très-bien nous assurer du second, qui n'est pas d'un autre ordre que nous, et le moyen en est tout simple : il nous suffit, pour cela, de jeter une pierre en l'air. Cette pierre, une fois lancée, monte d'abord ; bientôt après, elle s'arrête, puis redescend. Or, le mouvement d'ascension qu'elle décrit en premier lieu, nous savons qui le lui a imprimé ; mais le mouvement subséquent de chute[1], d'où lui vient-il? De l'attraction *terrestre*, nous dira-t-on. Terrestre ? Nullement : la terre n'*est* pas *là* ; la terre n'*agit* pas[2]!... Il y a bien attraction ; mais

---

[1] Sur la manière dont ce mouvement se produit sous forme de *carré*, l'on peut voir nos *Aperçus fondamentaux de Phil. mathémat.*, pag. 75-79. On sait d'ailleurs qu'au terme de l'*acte*, l'*effet* ou l'espace décrit est H^1, et qu'au début le *principe* attractif existe sous la forme *cubique* R^3.

[2] C'est admis de Newton lui-même. Car, d'après lui

cet acte-là se fait tout seul !... S'il se fait seul,
il n'a pas besoin de cause. S'il n'a pas besoin de
cause, il est la cause première, non ramassée,
mais détaillée, comme il a été dit. Et quel
nom convient-il alors de lui donner ? La méca-
nique céleste nous le fournit, comme elle nous
le fournit pour son état inverse. Ramassé, le Sens
divin est (au point de vue seulement physique
toujours) la *gravitation universelle* ; épars et
singulier, il est la *force accélératrice* élementaire.
Cette dernière force pouvant être mise en jeu,
provoquée par le premier venu, nous en con-
cluons donc que la cause première ou cosmique divine est expérimentalement percevable et tombe
sous le sens humain.

(Brucker, V, 647), « Voces attractionis, impulsûs,.. indif-
ferenter usurpantur, has vires non physicè sed mathema-
ticè tantùm considerando. Itaque his vocibus non definitur
species velmodus actionis causae aut ratiophysica, *nec centris
vires verè et physicè tribuuntur...*» Et cette doctrine n'est
pas une simple concession mais une conséquence nécessaire
du *principe* (*Ibid.* V, 646): « In hâc philosophiâ proposi-
tiones deducuntur ex *phænomenis*, et redduntur generales
per inductionem. »

14. Maintenant, notre thèse prouvée, notre conclusion tirée, nous pourrions parfaitement terminer ici notre travail ; mais il nous semble utile de ne pas le clore sans avoir tâché de répondre brièvement aux principales difficultés qu'on a coutume de se faire sur la nature des rapports de l'Être suprême avec lui-même ou le Monde. Quand, en effet, on vient à s'interroger, par exemple, sur ce que Dieu faisait en son immuable éternité préalable qui n'eût jamais dû finir, ou bien sur le tour d'adresse ou de force qu'il aura dû réaliser pour tirer de lui-même et poser hors de lui les éléments d'êtres subordonnés tout d'abord imaginaires, autant on aimerait de savoir répondre à ces questions, autant on est confus de son ignorance, et l'embarras alors ressenti, dont s'accommode à peine la foi la plus sincère, doit à bien plus forte raison déplaire à l'incrédule ou au sceptique. Pour éclaircir encore ces difficultés de théodicée pratique, nous allons donc faire choix de quelques notions fondamentales si nettes et si précises que leur seule élaboration suffise à mettre en lumière les difficiles questions soulevées tout à l'heure. Ces

notions plus spécialement remarquables sont les trois relations suivantes, où le rôle *unitif* et *contorsif* de la puissance intermédiaire est surtout digne d'attention :

L'infini est (*sensiblement*) un ou simple ;
L'universel est (*spirituellement*) inétendu ;
L'instantané est (*intellectuellement*) éternel[1].

Voici, du reste, comment, à l'aide de ces trois propositions, on peut répondre à toutes les difficultés faites ou à faire dans l'ordre indiqué d'idées.

15. S'il est vrai, comme nous le prétendons, que l'éternel soit l'instantané, de même que l'universel l'inétendu, et l'infini le simple, non-seulement Dieu est à la fois éternel et instantané, universel et inétendu, etc., mais encore, semblablement, les êtres aux dimensions les plus petites (atomes) ont la durée la plus longue, les

---

[1] De cette opposition d'attributs conciliables en un même principe ou sujet, résultent les deux principes mathématiques, en apparence aussi contraires, de la *force vive* et de la *moindre action*, ou du *maximum de force* et du *minimum d'effet*.

agents intensivement les moins développés (calorique et lumière) ont extensivement le champ
le plus large ; et les êtres *subjectivement* les
moins déterminés sont *objectivement* les plus
déterminables. En d'autres termes, toute activité,
devenant d'absolue relative, est incessamment le
théâtre de contrastes frappants : par exemple,
entre le dedans et le dehors, en ce que, moins
elle se donne carrière au dehors, plus elle con-
serve de puissance expansive au dedans ; ou
bien encore, par rapport au dehors seul, en ce
que, moins elle s'y fixe, plus elle s'y peut mou-
voir avec facilité. Quand donc, par la même
raison, elle ne prend pied nulle part, elle doit
posséder une infinie vitesse ; d'où il résulte
qu'elle est à la fois inétendue et immense. S'ap-
plique-t-elle , en outre , instantanément : au
bout de chacun de ses actes intemporels d'application, elle doit se retrouver entière, et par conséquent être en état de durer éternellement sans
variation. Enfin, est-elle encore simple au
dedans : n'ayant alors par hypothèse aucune ha-
bitude préalable, elle doit être pliable à tout ou
susceptible d'une infinité d'exercices divers. Par

là, revenant sur les notions des premiers para-
graphes, nous ne saurions plus être surpris d'a-
voir eu tout d'abord à constater en Dieu la triple
coexistence de l'intensif, de l'extensif et du simple, ou même, à côté du simple, la simultanéité
d'une extension et d'une intensité infinies. Mais,
encore une fois, à moins d'avoir à constater hors
du simple une extension et une intensité
moyennes égales en valeur absolue, toujours le
même contraste entre l'extension et l'intensité
doit exister chez les êtres finis contingents personnels. Ainsi, nommément, ceux dont l'exercice périodique *sensible* est le plus court,
peuvent avoir (dans ce que nous appellerons la
vie *formelle* ou de l'*espèce*) l'existence la plus
longue, etc.

Cela posé, voyons ce qui s'ensuit. La vie du
Sens divin devant être, d'après ce qui précède,
à la fois instantanée et éternelle, on doit pouvoir
dire de lui qu'il commence et finit, ou meurt et
ressuscite en chaque instant dans l'éternelle
durée du temps. Mais il est alors comme s'il ne
naissait ni ne mourait ; et le Sens divin, épuisant
ainsi la vie subitement sans l'éteindre ni même

la diminuer, est bien le plus heureux de tous les
Sens, puisqu'en finesse il ne peut être égalé par
aucun autre, et qu'en immanence il les comprend
et dépasse tous. Soit maintenant, après Dieu, tel
autre être qu'on voudra, différant de Dieu, non
sans doute par l'unité de la monade ou de la
conscience, *C* (§ 2), mais par l'extrêmement
grand ou petit développement *réel* en lui de l'extension ou de l'intensité radicales, ainsi qu'on
le conçoit par exemple dans le plus petit des
atomes existants, dont les lignes constitutives en
longueur, largeur et profondeur, seraient *sensiblement* plus courtes et cependant plus grandes
en portée que toutes autres : alors, toujours
d'après les mêmes principes, la vie de cet être
serait *sensiblement* plus courte que celle des
autres êtres finis, quels qu'ils soient, mais son
existence *intellectuelle* en serait d'autant plus
longue ou plus grande ; et de la même manière
que Dieu, censé naître et finir en chaque instant,
ne naît ni ne meurt jamais pour cela plus tôt ou
plus tard que nous, cet être fini, *vivant* moins
longtemps et *subsistant* plus longtemps que les
autres êtres finis, continuerait de l'emporter sur

eux à tous égards, parce qu'il trouverait dans l'*amplitude* prépondérante incessamment renouvelée de ses actes, d'une part, et le *principe* ou la *profondeur* de ses idées ou perceptions sensibles, de l'autre, non-seulemennt un correctif à ses défauts apparents, mais encore un principe réel de notables avantages personnels.

Ici, l'observation qu'il importe de ne pas perdre de vue pour entrer dans notre pensée, c'est que le temps en lui-même, pris avec ses trois parties: passé, présent et futur, est absolument invariable, et que notamment ni le passé ni le futur ne peuvent jamais être ou devenir plus grands ou plus petits qu'ils ne sont, mais que seulement le présent peut *avoir l'air* d'empiéter sur eux, oa par la *mémoire* du passé qu'il maintient, à certains égards ou pour certains faits, comme présent, ou par la *prévision* du futur, quelquefois assez vive pour en devancer l'heure et représenter comme actuel le devenir. Dans la mémoire de l'Intellect, ou la prévision de l'Esprit, nous avons donc un double moyen de *grossissement* du présent, et de là vient que, par exemple, tout *simples* que nous sommes en principe, nous avons un *corps* sensible et une *âme* sensible : ce corps sensible est un souvenir d'impressions passées ainsi rendues persévérantes ; et cette âme sensible est un foyer d'intensité spirituelle accumulée pour anticiper en quelque sorte sur l'avenir par la vivacité des mouvements et l'escompter par leur moyen. Un être, donc, étant toujours d'autant plus expansible au dehors qu'il est plus intensif au dedans, doit aussi constamment, plus promptement il agit, plus loin atteindre ou plus longtemps tenir, à peu près de la même manière que, plus un corps céleste opaque s'approche du soleil dans sa révolution autour de ce foyer de lumière, plus le cône d'ombre projeté par lui dans l'espace s'élargit et s'étend au loin. Telle on se figure alors la marche de ce cône d'ombre dans l'espace, telle est dans le temps la marche des êtres immortels. Ces êtres étant incessamment comme idéalement circonvenus d'une *atmosphère* d'influence ou de puissance inséparable et par là-même les *accompagnant, suivant* et *précédant* toujours, et chacun de leurs actes vitaux consécutifs étant d'ailleurs de nature à raviver incessamment à leurs yeux cette *auréole,* autant de fois et plus souvent ils les voient se répéter, autant de fois et plus souvent ils en ont aussi la *Représentation actuelle* ; et, quoiqu'on ne lui puisse jamais attribuer l'infinité, la conscience au moins indéfinie, continue, persévérante, qu'ils en ont, ne laisse point de provoquer en eux ce sentiment de *survivance* et de *perpétuité*, privilége des Justes, dont la jouissance est bien la plus vive image possible, en la créature, de l'*éternité* proprement dite, privilége exclusif du Créateur.

Imaginons maintenant (chose assez naturelle d'ailleurs), au centre de l'Univers physique, une étoile d'une incomparable grandeur, qui soit pour l'Univers entier ce que le Soleil est pour le système solaire, c'est-à-dire, une représentation centrale du Tout ; imaginons encore que cette étoile se meut dans une direction quelconque avec tout le firmament en l'infinité de l'espace ; ou bien imaginons le contraire, et supposons que le Tout reste immobile à la même place : quelle différence y aura-t-il finalement entre ces deux hypothèses ? Aucune ; puisque, évidemment, dans le mouvement absolu d'un être en l'infinité de l'espace, sans un terme extérieur de comparaison pour l'allongement ou le raccourcissement des distances, il n'existe qu'un fait imaginaire de déplacement, une supposition de l'Intellect. Telle est, alors, la marche de l'Univers dans l'espace infini, telle est la marche de l'ensemble des êtres personnels dans l'éternité. Cet ensemble s'avance ou flue incessamment, mais c'est comme s'il ne changeait point ; car jamais le passé ne s'allonge, ni le futur ne se raccourcit; et c'est le *présent* seul qui, mêlant ensemble en toutes proportions, dans ses transformations incessantes (à l'instar de l'*unique ouverture* servant à multiplier les images, par la multiplicité des lumières, dans l'expérience des pantins de Robertson), *successif* et *simultané,* nous fait tomber en quelque sorte sous le Sens, par double représentation anticipante ou commémorative, de simples idées abstraites, nécessaires sans doute en elles-mêmes, mais absolument irréalisables de fait.

Quand donc Dieu crée, que fait-il? Il fait comme la mer qui d'abord n'éprouverait à sa surface que d'imperceptibles rides en nombre infini, mais ensuite, sous le souffle du vent, élèverait des lames de plus en plus accentuées ; c'est-à-dire, il accentue d'autant mieux son premier exercice *éternel*, producteur de simples *idéaux* en nombre infini, que, le restreignant *de plus en plus* au gré de sa sagesse, il y substitue un nombre fini, mais plus concret, d'*atomes* physiques ou de *globes* célestes, pour en composer immédiatement des *ensembles* formels mollement variables, mais toujours reliés entre eux par des *vitesses* absolues essentiellement compensatrices. Et, de cette manière, il y trouve et nous fournit incessamment une image de lui-même aussi fidèle ou ressemblante, que le comporte la relation, de plus en plus rapprochée, de l'*indéfini* en petitesse ou grandeur, au *simple* ou à l'*infini*.

FIN.

TABLE DES MATIÈRES

FIN DE LA TABLE.

www.ingramcontent.com/pod-product-compliance
Lightning Source LLC
LaVergne TN
LVHW021724080426
835510LV00010B/1120